O CASO DO VASO

Paulinas

Dados Internacionais de Catalogação na Publicação (CIP)
(Câmara Brasileira do Livro, SP, Brasil)

Belinky, Tatiana
   O caso do vaso / Tatiana Belinky ; ilustrações de Marilda Castanha. – 5. ed. –
São Paulo : Paulinas, 2011. – (Coleção sabor amizade. Série estação criança)

   ISBN 978-85-356-2889-0

   1. Literatura infantojuvenil I. Castanha, Marilda. II. Título. III. Série.

11-09403   CDD-028.5

Índices para catálogo sistemático:

1. Literatura infantil   028.5
2. Literatura infantojuvenil   028.5

Revisado conforme a nova ortografia.

5ª edição – 2011
3ª reimpressão – 2021

Revisão e preparação dos originais: *Mônica Guimarães Reis*
Produção gráfica: *Herbert Renato Evangelista*
Capa e ilustrações: *Marilda Castanha*
Direção de arte: *Irma Cipriani*

Paulinas
Rua Dona Inácia Uchoa, 62
04110-020 – São Paulo – SP (Brasil)
Tel.: (11) 2125-3500
http://www.paulinas.com.br – editora@paulinas.com.br
Telemarketing e SAC: 0800-7010081
© Pia Sociedade Filhas de São Paulo – São Paulo, 1994

TATIANA BELINKY
Ilustrações de Marilda Castanha

O CASO DO VASO

Paulinas

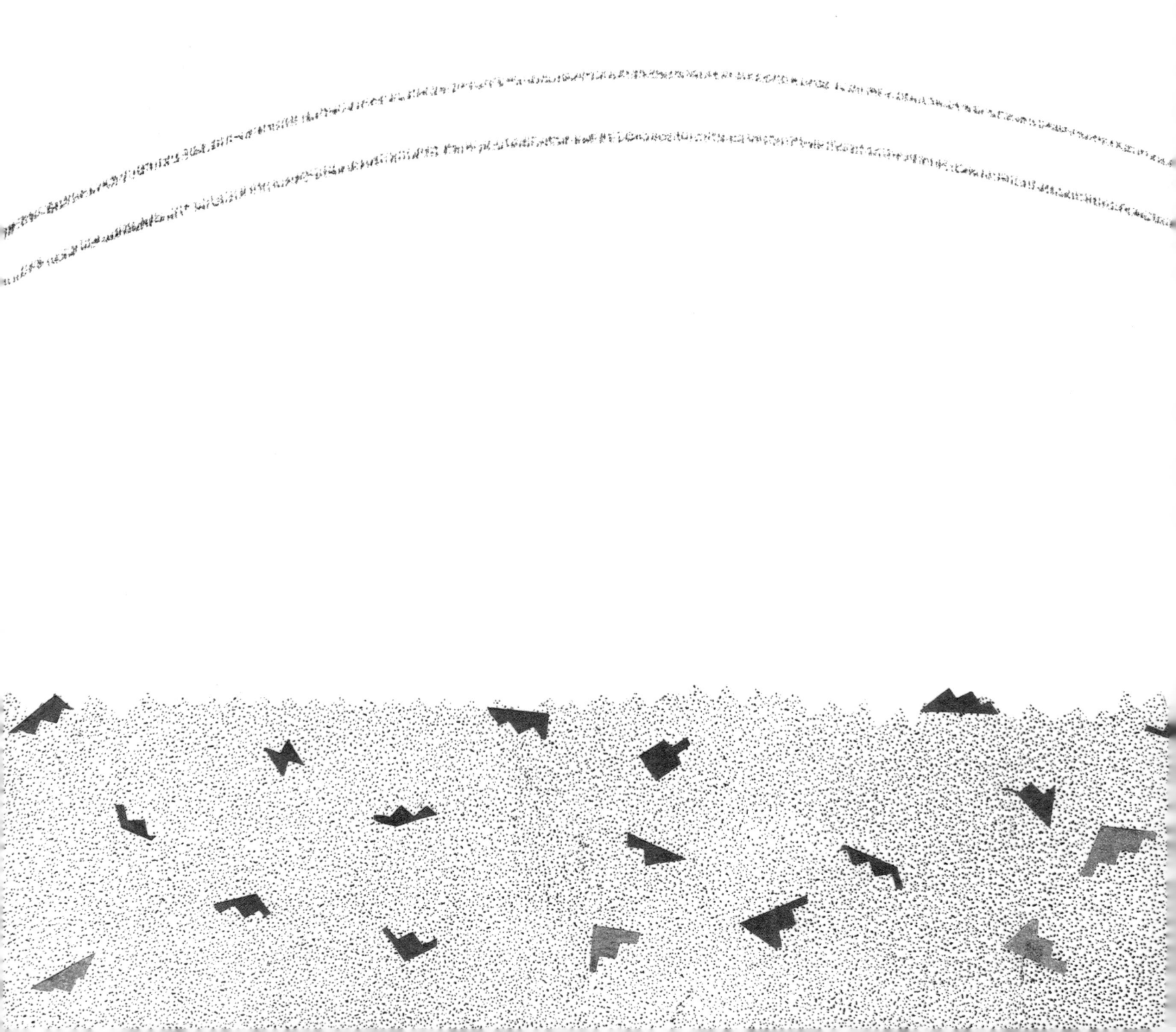

TATIANA BELINKY
Ilustrações de Marilda Castanha

O CASO DO VASO

No saguão Zé derrubou
Com a bola um vaso –
O seu pai se alarmou
Com mais este caso.

O papai ao filho diz
Num tom enfezado:
— Olha aqui, ó meu petiz,
És malcomportado!

O saguão não é lugar
Pra chutar a bola.
Futebol podes jogar
No pátio da escola!

No saguão, no corredor,
Tens de ter cuidado.
Não é bom um morador
Atabalhoado!

No edifício, filho meu,
Tens de ser quietinho,
Comportado tens de ser,
Como um bom vizinho!

Sem correr e sem gritar,
Sem fazer barulho,
Pra teu pai poder mostrar
De você, orgulho!

Mas a mãe, ao escutar
Toda essa conversa,
Diz: – guri tem de brincar,
E reinar à beça!

– Mas meu bem, diz o papai,
Espere um momento:
Não é mau ele aprontar
No apartamento?

– E será que é sempre bom
Ser tão comportado? –
Disse a mãe. – Não acho mau
Ser guri levado!

– Tudo bem, concorda o pai,
Vamos dar um jeito:
Se a criança quer brincar,
Isto é o seu direito!

Se o síndico implicar,
Nós reagiremos!
O direito de brincar
Rei-vin-di-caremos!

Grita o Zé:
– Que bom que o pai
Concordou por fim!
Pois agora a coisa vai.
É melhor assim!

Bom é pai e mãe legal
Que entendem tudo:
Ser alegre não faz mal,
Ruim é ser trombudo!

Eu às vezes posso até
Ser muito obediente.
Mas também quero correr
e brincar contente!